AF611586

Souvenir romain du Centenaire de saint Benoit Labre

PANÉGYRIQUE

PRONONCÉ A ROME, DANS LA BASILIQUE DES SAINTS-APOTRES

LE 14 AVRIL 1883

PAR MONSEIGNEUR GRASSELLI

Des Mineurs conventuels, Archevêque de Colosses, Secrétaire de la S. Visite Apostolique,
Préfet des études de la Propagande,
Ancien Vicaire et Délégué Apostolique à Constantinople.

PARIS
SOCIÉTÉ GÉNÉRALE DE LIBRAIRIE CATHOLIQUE

BRUXELLES	GENÈVE
J. ALBANEL, Dr de la Succursale	H. TREMBLEY, Dr de la Succursale
12, RUE DES PAROISSIENS	RUE CORRATERIE, 4

1884

SOUVENIR ROMAIN

DU

IRE DE SAINT BENOIT LABRE

SOUVENIR ROMAIN

DU

CENTENAIRE DE SAINT BENOIT LABRE

Souvenir romain du Centenaire de saint Benoit Labre

PANÉGYRIQUE

PRONONCÉ A ROME, DANS LA BASILIQUE DES SAINTS-APOTRES

LE 14 AVRIL 1883

PAR MONSEIGNEUR GRASELLI

Des Mineurs conventuels, Archevêque de Colosses, Secrétaire de la S. Visite Apostolique,
Préfet des études de la Propagande,
Ancien Vicaire et Délégué Apostolique à Constantinople.

PARIS
SOCIÉTÉ GÉNÉRALE DE LIBRAIRIE CATHOLIQUE

BRUXELLES
J. ALBANEL, Dr de la Succursale
12, RUE DES PAROISSIENS

GENÈVE
H. TREMBLEY, Dr de la Succursale
RUE CORRATERIE, 4

1884

AVANT-PROPOS

Le 8 décembre 1881, *jour consacré à la Vierge Immaculée, Léon XIII, dans la grande salle au-dessus du vestibule de la basilique de Saint-Pierre, au Vatican, proclama la solennelle canonisation de saint Benoît-Joseph Labre.*

Le monde catholique tout entier se souvient de cet événement, et nous ne croyons pas nécessaire d'y revenir.

Mais l'année 1883, *qui vient de finir, a vu célébrer les fêtes du centenaire du nouveau saint.*

La France, sa patrie, a fait par des démonstrations touchantes un acte de foi et d'amour.

A Rome, dès le 26 *mars, était affichée à la porte de toutes les églises l'invitation suivante* (invito sacro), *adressée à tous les fidèles par le Cardinal Vicaire.*

« ... *Pour rendre grâces à Dieu de la glorification de son* « *fidèle serviteur et pour célébrer en même temps le cente-* « *naire de sa mort, une neuvaine sera célébrée dans l'église* « *des Saints-Apôtres, du* 9 *au* 16 *avril.* »

Cette neuvaine, grâce à la sollicitude de Mgr Virili,

promoteur de la cause, fut célébrée avec une pompe extraordinaire et avec une grande affluence de fidèles.

On brûlait chaque jour deux mille cierges ou bougies, on disait jusqu'à quatre-vingts messes; les meilleures chapelles de Rome se faisaient entendre, et les plus grands dignitaires de l'Église, présidant aux offices, étaient assistés à tour de rôle par les jeunes lévites des séminaires que les diverses nations ont dans la ville éternelle.

Parmi les panégyriques qui furent prononcés, celui dont nous publions aujourd'hui la traduction réunissait certaines conditions spéciales pour produire le bien désirable.

Mgr Graselli, des mineurs conventuels, est un disciple de Saint-François, que le service de l'Église a conduit dans la carrière diplomatique. Il semble bien placé pour comprendre la vie du mendiant et en expliquer le sens surnaturel aux gens du monde, dont il a dû, par devoir, traverser les salons, connaître les mœurs et parler le langage.

PANÉGYRIQUE

PRONONCÉ A ROME, DANS LA BASILIQUE DES SAINTS-APOTRES

Le 14 avril 1883

PAR MONSEIGNEUR GRASELLI

Des Mineurs conventuels, Archevêque de Colosses, Secrétaire de la S. Visite Apostolique,
Préfet des études de la Propagande,
Ancien Vicaire et Délégué Apostolique à Constantinople.

Dedi te in lucem gentium, ut sis salus mea usque ad extremum terræ. (Is., XLIX, 6.)

LE plus sage des rois adressait à Dieu cette prière, que nous lisons dans les *Proverbes* (XXX, 8, 9) : « Seigneur, ne me donnez ni la mendicité ni la richesse ; donnez-moi seulement ce qui est nécessaire à la vie, de peur que, rassasié de biens, je ne dise : Qui est Dieu ? ou que, poussé par la misère, je ne dépouille autrui et ne déshonore le nom de mon Dieu ! »

Ce sage roi voyait les redoutables périls auxquels expose l'abondance des richesses aussi bien que l'extrême misère, et, craignant sa faiblesse, il demandait au Seigneur de le préserver de l'une et de l'autre. Plus tard, parut un autre roi infiniment plus sage que Salomon : *Et ecce plus quam Salomon hic* (Luc, xi, 31); et, loin de retrancher des sévères avertissements du premier, lui, en ce qui concerne les périls qu'entraîne avec elle la richesse, il les accentua davantage; quant à la pauvreté, par son exemple et ses enseignements, il dissipa jusqu'à l'ombre des périls auxquels elle semblait exposée.

En effet, sous l'anciene loi, on disait : « Bienheureux le riche qui a été trouvé sans faute, et qui n'a pas mis son espérance dans l'argent et les trésors! » mais on ajoutait aussitôt : « Où le trouver, que nous chantions ses louanges (*Eccli.*, xxxi, 8, 9)? » tellement tout cela semblait un miracle! Dans le Nouveau Testament, l'étonnement est accompagné d'un pronostic fatal, d'une terrible menace : « Il est plus facile à un chameau de passer par le trou d'une aiguille qu'à un riche d'entrer dans le royaume des cieux (*Matth.*, xix, 24); » et : « Malheur à vous, ô riches! car vous avez trouvé votre consolation. » (*Luc*, vi, 24.) Au contraire, la pauvreté, dès l'aurore de la nouvelle alliance, cessa d'être honteuse, méprisée, périlleuse. Le nouveau-né de Bethléem lui posa un diadème sur le front, l'entoura de sa grâce comme d'une cuirasse, et la couvrit du plus brillant manteau. Lui-même, le riche par excellence, étant devenu indigent par excès d'amour, la prit comme fiancée sur la paille de sa crèche, et ne voulut plus s'en séparer; il put encore dire la veille de sa mort : « Les renards ont une tanière, les oiseaux un nid; mais le Fils de l'homme n'a pas où poser sa tête. » (*Matth.*, VIII, 20. *Luc*, IX, 58.) Il finit en la faisant monter sur son trône, la croix; la croix, d'où, dépouillé de tout bien terrestre, il règne en conquérant sur le monde. — Consolez-vous, pauvres, consolez-vous! c'est à vous maintenant de plaindre les riches et de prier pour eux : car si, avec la pauvreté qui vous presse, vous en avez l'esprit, le royaume des cieux vous appartient. Et celui qui vous le dit n'est pas un Anaxagore, un Démocrite, un Diogène, professeurs de pauvreté, mais professeurs sans disciples : car leurs leçons n'arrivaient pas jusqu'au cœur, et ils ne pouvaient promettre à ceux qui les suivaient une récompense digne du sacrifice. Celui qui vous le dit, c'est un Dieu homme, qui à son exemple et à sa parole ajoute sa grâce toute-puissante, et peut ainsi au milieu de votre pauvreté vous proclamer « bienheureux ». Pourtant, me dites-vous, il y en a bien peu qui en suivent parfaitement la trace. C'est vrai; mais moins ils sont nombreux, plus leur gloire est grande.

L'un d'entre eux est ce fils de mon séraphique Père qui, après avoir parcouru la même voie de la mendicité que ce grand imitateur du Christ, recueille aujourd'hui dans cette solennelle octave les fleurs, l'encens et les applaudissements : c'est le mendiant glorifié, saint Benoît-Joseph Labre. — Tout en lui, sans doute, ne peut être un sujet d'imitation pour tous — de quel saint ne peut-on dire la même chose? — cela est vrai en général. Mais, j'en ai la confiance, tel que je vous le présenterai, même en ce que vous admirerez en lui d'inimitable, vous le reconnaîtrez comme un phare lumineux, placé par Dieu au milieu de vous, pour opérer votre salut. *Dedi te in lucem gentium, ut sis salus mea usque ad extremum terræ.* Dieu a voulu que notre saint aimât et pratiquât la plus haute pauvreté volontaire, pour que, s'appuyant sur elle et libre de toute entrave, il descendît athlète invincible dans la carrière, prêt à faire mordre la poussière aux ennemis les plus aguerris. Ces ennemis sont aussi les vôtres : la concupiscence de la chair, la concupiscence des yeux, l'orgueil de la vie.

Illuminés par ses exemples, vous apprendrez à combattre la mollesse par la mortification de la chair; la cupidité, par le mépris des richesses; l'orgueil, par l'humilité chrétienne. Bienheureux serez-vous, si, à la lumière de ses vertus, vous vous y exercez; et puissiez-vous, après lui avoir dû votre salut, chanter avec lui l'hymne de la victoire! *Dedi te in lucem gentium, ut sis salus mea usque ad extremum terræ.*

Vierge Immaculée, qui avez trempé les armes de votre dévoué fils Benoît-Joseph Labre, qui l'avez rendu capable de remporter chaque jour de nouvelles palmes dans ses luttes incessantes, daignez, du haut des cieux, dans votre bonté, assister celui qui s'apprête à en relever les gloires. *Ave, Maria!*

PREMIER POINT

Avant tout, il serait utile, je crois, de répondre tout de suite à ces zélateurs du bien-être social qui voudraient fermer la bouche aux panégyristes de Benoît Labre par le raisonnement que voici :

La vie de votre saint est connue, fameuse : c'est la mendicité extrême et volontaire, une vie de nomade, une prière perpétuelle. Mais, si l'exemple de cette vie vous attire, libre à vous de la suivre; seulement, gardez-vous d'en faire dans notre société, par vos éloges, une propagande imprudente. Nous n'avons déjà que trop de gens qui passent leur vie à ne rien faire. C'est du travail qu'il nous faut, c'est de l'activité ; puisque dans les voies du progrès (et la société doit progresser), avec le mysticisme on n'avance point d'un pas, avec l'oisiveté on recule, on entretient le vice, c'est précisément la gueuserie : l'homme perd jusqu'au sentiment de sa dignité.

A ceux qui gémissent sur les plaies qui affligent la société et qui voudraient la guérir avec la panacée du travail, par les lois contre la mendicité, en bannissant la trace de la vie contemplative ; à ceux-là je pourrais dire : Donnez-moi autant de Labres dans ces hommes que vous êtes obligés de compter comme inutiles, nuisibles même à la société civile, et moi je vous donnerai un nouvel âge d'or. Donnez-moi des Labres, et moi je vous donnerai le respect de votre propriété, la sécurité pour l'honneur de vos épouses et de vos filles ; détruisant la cherté des loyers et des vivres, je vous ferai vivre dans l'abondance. Donnez-moi autant de Labres, je viderai toutes vos prisons, je fermerai tous les tribunaux, et je renverrai aux champs, aux ateliers, aux écoles, ces millions de gardes et de soldats qui, arrachés au travail de l'esprit et des mains, vivent dans notre Europe transformée en immense caserne. Donnez-moi enfin autant de Labres pour tous ceux dont vous vous plaignez comme autant de fléaux de la société, et la famille humaine respirera, et vous-mêmes vous pourrez voyager de jour et de nuit sans craindre d'être attaqués sur votre route, et vous dormirez tranquilles, la tête sur l'oreiller, sans le souci de savoir si vous ne sauterez pas en l'air avec vos maisons par une explosion de dynamite : vous aurez, en somme, comme je vous l'ai dit, l'âge d'or. Mais non ! ce n'est pas moi qui viens vous répondre : la réponse vous viendra de cet Esprit qui donne la lumière à votre intelligence, cette lumière dont vous abusez. Oui, c'est l'Esprit-Saint qui vous impose silence à vous, et non aux panégyristes de Benoît Labre. Entendez-vous ces paroles : « Mes pensées ne sont pas vos pensées, mes voies ne sont pas vos voies »? (*Isaïe*, LV, 8.)

« Je donne mes inspirations comme et où il me plaît, et

« sans doute vous ne serez pas assez audacieux pour me « demander le pourquoi. Qui êtes-vous donc, hommes à « courte vue, pour juger la conduite de mes fidèles et pour « les blâmer quand ils accomplissent ma volonté ? C'est moi « qui ai dit à Abraham : « Va et immole ton bien-aimé « Isaac » ; et à Osée : « Va, épouse cette femme perdue dont « tu auras des fils déshonorés » ; et à tout mon peuple élu : « Va et vole aux Égyptiens leurs vases d'or et d'argent. » « Et vous, qui ne pouvez comprendre mes voies qui ne « sont pas les vôtres, oserez-vous me demander pourquoi « je fais cela ? *Cur ita facis?* (Job, IX, 12.) Sachez donc que « c'est encore moi qui ai dit à mon bien-aimé Benoît-Joseph, « dont vous vous moquez si fort : « Va, épouse la mortification « la plus dure, embrasse la plus sordide mendicité, plonge-« toi dans le mépris absolu de tout bien ; marche et prie. « C'est ainsi que tu deviendras comme un chandelier au « milieu des nations, que tu leur apporteras le salut promis. « *Dedi te in lucem gentium, ut sis salus mea usque ad extre-« mum terræ.* »

Voilà que mon bien-aimé Labre, docile aux inspirations divines, devenu spectacle au monde, aux anges et aux hommes, passe ses trente-cinq ans de vie dans la mortification la plus âpre, dans la mendicité la plus horrible, dans l'humilité la plus profonde, avec le seul réconfort de la prière, qui fait de lui, avant le temps, un citoyen du ciel.

C'est par la plus rigide mortification que notre saint fut une lumière pour ses contemporains, qui, en suivant ses exemples, auraient opéré leur salut.

Bienheureux Amettes, bienheureux pays de France, toi qui, dans la quarante-huitième année du siècle dernier, as vu se lever à ton horizon cet astre lumineux !

Il était l'aîné de quinze enfants, délices de leurs parents chrétiens ; et dès ses plus tendres années, il préludait à cette vie d'anachorète austère, dont il ne devait pas se départir un seul jour. Refusant l'aisance dont jouissait sa famille, ne se mêlant point aux jeux de ses petits camarades, étranger à tout désir mondain, il semblait qu'il eût déjà lu et compris la divine sentence : « L'homme mou ne possédera pas le royaume des cieux, l'homme charnel n'est pas capable de percevoir les choses qui sont de l'Esprit de Dieu. » Esprit éveillé, aux manières douces, docile, obéissant, pieux, et par cela même aimable, aimé de tous, il sentait cependant le besoin, le devoir de se dérober à tout soin, à l'amour de tous, pour vivre tout entier avec Dieu.

« Mais ce Dieu fait homme pour moi (devait-il se dire), « qui avait devant lui toutes les joies, leur préféra la « croix : donc moi aussi, si je veux lui plaire, je dois « crucifier ma chair. Notre Christ a dû souffrir pour entrer « dans sa gloire : donc moi aussi, si je veux être glorifié « avec lui, je dois participer à ses souffrances. Malheur à

« moi, si un jour on ne me trouvait pas conforme à ce divin « modèle ! »

Et, tout enfant, il s'exerçait à tout genre de mortification. Il mortifiait son goût, laissant les mets délicats pour les aliments grossiers, tirant ceux-ci de sa bouche pour les donner aux pauvres, et s'interdisant de toucher même aux fruits tombés des arbres dans le jardin de son oncle, un bon prêtre. Il mortifiait sa langue, s'abstenant de tout vain discours, pour l'avoir pure dans les prières qu'il élevait vers Dieu et vers la Vierge. Il mortifiait ses oreilles, les fermant à toute parole de caresse ou de médisance, pour les conserver dignes d'entendre les cantiques du Paradis. Il mortifiait ses petites mains engourdies par le froid, qu'il n'approchait point du feu, se souvenant des mains de son Jésus que les clous avaient transpercées. Il mortifiait son amour-propre, supportant en silence les reproches immérités, parce que Jésus, lui aussi, avait gardé le silence devant ses juges ; et il excusait ceux qui l'avaient insulté, parce que Jésus avait prié son Père pour ses bourreaux. Il mortifiait enfin tous ses membres, s'étendant pour le repos nécessaire sur la terre nue : son bien-aimé Jésus ne s'était-il pas étendu pour lui sur une croix ?

Sa mère gémissait, elle s'étonnait de tant d'austérités au milieu de tant d'innocence ; mais lui la consolait avec des réponses surnaturelles, sans guérir pour cela la blessure du cœur maternel.

Combien plus durent gémir son père et sa mère, quand ils se virent forcés, par ses instances et par la crainte de Dieu dont ils étaient pleins, de le laisser aller au plus rigide des instituts, à la Trappe! mais le plus mortifié de cette héroïque résolution, ce fut Benoît lui-même, qui, avide des rigueurs de la règle, fut déclaré incapable de les supporter, et se vit par cela même repousser. Et la même désillusion amère l'attendait parmi les chartreux, au monastère de Sept-Fonts. Le Seigneur permettait que, dans sa soif ardente pour la mortification, on éloignât de ses lèvres le calice où il voulait s'enivrer.

Dieu, pour mettre à l'épreuve son amour, le tint longtemps dans l'ignorance du genre de vie qu'il voulait de lui: aussi, bien qu'il souffrît dans sa chair, qu'il accablait de macérations, il sentait encore son âme désolée. Enfin, Dieu lui dit comme à Abraham : « Marche en ma présence et « sois parfait. Quitte la maison de ton père, ton pays, tes « parents; et cependant ne va point t'enfermer à l'ombre « des cloîtres. Comme un autre Alexis, vis parmi les « hommes, inconnu, allant de pays en pays, enseignant « à tous, par ta vie de pénitence, combien il est nécessaire « de combattre la concupiscence de la chair pour être « sauvé. *Dedi te in lucem gentium, ut sis salus mea usque* « *ad extremum terræ.* »

Ici, Messieurs, je devrais vous lire la lettre la plus pathétique et en même temps la plus sublime, celle où Benoît prit congé de ses parents. Il s'efforce de les réconforter en les remerciant de tout le bien qu'ils lui ont fait; il leur donne l'assurance qu'il aura toujours devant les yeux le Tout-Puissant, au nom duquel il se met en chemin, et leur déclare qu'ils ne se reverront plus que dans la vallée de Josaphat.

Il faudrait maintenant dépeindre les épreuves d'un martyre d'un nouveau genre : on n'y voit point voler une tête sous le coup d'une hache, des bêtes broyer en un clin d'œil des os entre leurs dents, ou le bûcher dévorer le corps dans ses flammes; dans ce martyre, le calice amer est bu goutte à goutte, Labre y tient ses lèvres collées jusqu'à son dernier soupir.

Pèlerin infatigable, le monde le verra déguenillé, amaigri, exténué, visiter les célèbres sanctuaires de Lorette, d'Assise, de Fabriano, de Bari, d'Einsiedeln, de Monserrat, de Compostelle, de Rome, par la neige, par la glace, par le soleil brûlant. Quand il arrivait au milieu de ses pénibles courses, au lieu de se reposer un instant, il forçait la marche, d'autant plus fatigué qu'il prenait, de préférence aux routes fréquentées, les sentiers les plus raides et les plus pénibles, pour se sentir plus libre dans les élans de l'âme vers son Dieu. Tout trempé de sueur ou percé par la pluie, il se prosternait devant les autels, en extase pendant des journées entières et toujours sur ses genoux, dont la chair entamée le faisait cruellement souffrir. Il se renversait en arrière pour mieux fixer ses regards au ciel, vers le saint Sacrement ou vers les images de la divine Mère. Alors qu'on pouvait croire qu'il allait tomber à chaque instant, immobile, sans que ses paupières remuassent, il était tourmenté (on ne peut le dire sans horreur, mais il faut bien le révéler), il était tourmenté par d'innombrables parasites qui dévoraient sa chair. Il ne les éloignait pas, parce qu'ils lui donnaient la mémoire vive de ces ennemis bien autrement terribles et implacables qui dans la tombe n'épargnent pas les chairs qu'on a le plus caressées en ce monde.

Au moins, où reposait-il la nuit? Sur la terre nue, sur les dalles, au seuil des églises, sous une arcade du Colisée, à moins que la charité ou l'obéissance ne l'obligeassent de se donner le luxe d'un peu de repos dans les fours répandus dans les champs. De quoi se nourrissait-il? N'abordons pas encore ce sujet, où brille d'un vif éclat son amour de la pauvreté.

Disons seulement que ces macérations auraient dû, délicat qu'il était de complexion, le faire bientôt mourir, si la toute-puissance de Dieu ne l'avait tenu en vie, pour faire briller aux yeux du monde un miracle de mortification chrétienne, pour que les hommes idolâtres de leur chair eussent à rougir de leur mollesse, ou du moins, suivant les conseils de l'Évangile qu'ils professent, pour qu'ils s'y abandonnassent avec moins de complaisance.

Il ne manquait pas, il est vrai, de gens qui s'étonnaient de tant de vertu ; mais le Seigneur permit, afin que sa vie de sacrifice touchât davantage à la perfection, que la foule le traitât d'hypocrite, l'insultât, le couvrît d'immondices et le maltraitât, le poursuivant à coups de pierres et de bâton.

Mais lui, aussi mortifié dans sa chair que fortifié en esprit, s'inspirait des paroles de David : « Quand mes en« nemis m'accablaient, j'endossais le cilice, j'affligeais mon « âme par les jeûnes, et (suivant le texte hébreu) je « m'humiliais dans la prière devant Dieu en me faisant leur « intercesseur. »

C'est ainsi que Benoît combattit la concupiscence de la chair, pour nous faire rougir nous-mêmes, si, cédant à ses convoitises, nous fermions les yeux à tant de lumière. Au moment où nous pourrions devenir les ennemis de notre salut, son exemple nous enseigne à faire la volonté de Dieu. *Dedi te in lucem gentium, ut sis salus mea usque ad extremum terræ.*

DEUXIÈME POINT

L'AUTRE ennemi que le serviteur du Christ est tenu de combattre, c'est la concupiscence des yeux, c'est-à-dire, la soif des richesses. Pour se garer complètement de cet ennemi, rien de plus puissant que la pauvreté volontaire. Aussi, quoi qu'en disent ceux que le seul nom de pauvreté remplit d'horreur, les saints, les docteurs, les philosophes de tous les temps, ont-ils fait de la pauvreté volontaire les plus grands éloges. Saint Augustin la proclame la maîtresse de toute philosophie, parce qu'elle pratique ce qu'elle enseigne. Saint Chrysostome l'appelle le guide qui nous conduit sur le chemin du ciel, l'onction des athlètes, un exercice admirable, un port tranquille; et il conclut en disant que nul n'est plus riche que celui qui suit l'élan de son amour pour elle, qui l'embrasse avec allégresse. Sénèque, qui pourtant n'était pas chrétien, proclame grand celui qui, au milieu des richesses, a l'esprit de pauvreté; il confesse que mieux vaut encore n'avoir point ces richesses. Il est clair que la pauvreté n'est une vertu que chez celui qui sait la supporter, et que, par suite, le sage seul est vertueux dans sa pauvreté.

Voyez notre saint : il pouvait vivre dans l'aisance, et il fut un tel modèle de la pauvreté volontaire, qu'on n'en a jamais vu et qu'on n'en verra jamais, ni ici ni ailleurs, de plus parfait. Il s'attacha à elle par la plus intime union, sans autre engagement que celui de l'amour, sans qu'il eût besoin d'y ajouter la chaîne d'or du vœu, imitant en cela un Philippe de Néri, une Françoise romaine, et d'autres saints, qu'il dépasse tous dans un héroïque élan.

Dans la pauvreté volontaire, ce qu'il aimait, c'était Jésus dépouillé sur la croix. Brûlant de cet amour, comment ne l'aurait-il pas porté jusqu'à ses extrêmes limites? Que d'autres se contentent d'une cellule nue et étroite, d'une natte de jonc pour lit, d'un vêtement de laine grossière, du pain sec, mendié il est vrai, mais non incertain; pour lui, tout cela est encore luxe et opulence. Il n'a ni cellule ni natte, mais la terre dure, et peu lui importe en quel endroit. Il n'a pas de vêtement, mais des haillons, non pour se préserver des intempéries des saisons, mais pour ne pas offenser, lui le modèle de la candeur virginale, les strictes lois de la modestie.

Et la nourriture? Oh! ne craignez pas en lui un mendiant indiscret. Lui donnait-on un pain tout entier, reconnaissant et confus, il disait qu'aux pauvres on ne donne qu'un morceau, et il courait partager ce pain à d'autres mendiants. Il refusait avec grâce une aumône quand il sentait qu'il avait de quoi vivre un jour, s'en rapportant à Dieu pour le lendemain. Si on le forçait à la recevoir, pour ne pas offenser, il acceptait; mais il s'en servait pour soulager un autre pauvre, ou il la versait dans le tronc d'une église. Allait-il avec d'autres pauvres à la porte d'un couvent pour prendre part aux distributions, on le voyait toujours le dernier de la file : il n'aurait pas voulu qu'en cas d'insuffisance un autre à cause de lui restât sans portion. S'il lui arrivait de ne rien avoir à ces distributions, les restes jetés sur la voie publique lui servaient, et il allait même (ne reculez point de dégoût, mais admirez et pleurez !) jusqu'à chercher au coin des bornes et à fouiller les tas d'ordures pour y apaiser sa faim.

Un frisson parcourt vos veines, et quelques-uns d'entre vous voudraient me dire : « Mais pourquoi, au lieu de « tomber si bas, ne pas se livrer à quelque travail? Les « saints, les apôtres travaillaient, eux qui suivirent, qui « imitaient le Christ, qui furent des *parfaits* dans le déta- « chement des richesses. Pourquoi Benoît n'a-t-il pas « marché sur leurs traces? » — Pourquoi? Je crois avoir déjà répondu, Messieurs, à cette objection, en vous disant avec le prophète que les voies du Seigneur ne sont pas les voies des hommes, et que le Seigneur seul a le droit de tracer à ses serviteurs celles qu'ils doivent suivre. C'est à ce point de vue qu'il faut se placer pour ne pas se tromper dans le jugement qu'on porte sur les saints; et notre Labre, par une inspiration intime, retenait que la voie à lui tracée par Dieu n'était pas autre que celle du plus abject mendiant. Mais s'il faut vous donner une réponse qui vous satisfasse davantage, sachez, je vous le dis, que Benoît ne suivit cette voie que sur les conseils de persévérance et sur les encouragements que lui donnèrent d'honnêtes et probes personnes, qui furent ses meilleurs directeurs spirituels, ceux qui virent le plus clair dans sa conscience. Sachez même que l'un d'eux, à vue plus courte, moins résolu, s'étant demandé s'il ne valait pas mieux que Benoît se livrât au travail, lui avait donné le conseil, l'injonction de sortir de cet état de mendicité, de chercher à se mettre au service de quelqu'un. Benoît, humble, obéissant, se mit de suite à la tâche, chercha de tous côtés, s'offrit à qui pouvait le prendre. Son confesseur ne mit pas moins d'empressement à l'aider dans ses recherches, il frappa pour lui à toutes les portes ; mais savez-vous ce qu'il arriva? Les recherches de tous deux n'aboutirent à rien, ou plutôt elles réussirent à démontrer par une preuve nouvelle et manifeste que Dieu lui-même voulait Labre dans cet état d'extrême mendicité; qu'il le voulait ainsi, afin qu'il servît de réconfort aux pauvres, dont il dépasse les souffrances; d'avertissement aux riches, privés, au milieu de leurs richesses, de la douce paix où vivait Benoît; afin qu'il servît de flambeau au monde, prêchant à tous par le plus sublime exemple le généreux détachement, non plus seulement des richesses, mais des moindres commodités de la vie. *Dedi te in lucem gentium, ut sis salus mea usque ad extremum terræ.*

Et son image vénérée est là, sous vos yeux, pour que vous admiriez dans ses haillons ce contempteur des richesses et des aises de ce monde, en train de vous dire : « Prenez garde, mes frères, que les faux biens de la terre

« ne vous fassent perdre l'éternel héritage qui vous attend « au ciel. »

TROISIÈME POINT

Mais pour le chrétien qui aspire véritablement à la possession de l'héritage éternel, outre la concupiscence de la chair à vaincre par la mortification, outre la concupiscence des yeux à vaincre par le détachement des richesses, il est une autre passion à vaincre, un autre ennemi à dompter : l'orgueil de la vie, dont on ne triomphe guère que par l'humilité chrétienne.

Notre Benoît, choisi comme un nouvel instrument entre les mains de Dieu pour confondre la sagesse du siècle avec la folie de la croix, appelé à devenir un flambeau illuminateur des nations allumé pour leur salut, répandit en effet sur elles les splendeurs de la plus rare humilité.

Mais voilà où est la merveille, pouvons-nous dire avec saint Bernard. On trouve naturel que le pécheur soit humble ; mais que l'innocent soit humble, voilà où est la merveille, voilà ce qui double la gloire.

Alors, que dire de notre Benoît-Joseph, qui, avec une conscience si pure, avec une manière de vivre si irréprochable, donna les plus splendides exemples d'humilité ? et cependant, de l'avis de tous ses confesseurs, il ne souilla jamais, pas même d'une faute légère, la robe blanche de son baptême, lui qui se croyait sincèrement le plus grand des pécheurs.

Et en vérité, de quoi pouvait-il s'accuser au saint Tribunal ? Écoutez : de ne pas correspondre dignement aux grâces qu'il recevait de Dieu; de ne pas l'aimer et le servir comme il méritait d'être aimé et servi. Voilà quels étaient ses péchés les plus graves; et si ses confesseurs, admirant tant de perfection, ne pouvant trouver en lui de matière suffisante pour l'absolution, lui adressaient quelque question particulière et minutieuse, ils ne parvenaient pas à découvrir en lui autre chose que ce que nous venons de dire; et, devant ces trésors de vertu, ils croyaient voir un ange marcher au milieu des hommes. Qui le voyait cependant s'approcher du tribunal de la Pénitence, l'eût pris pour le plus grand des coupables, fléchissant sous le fardeau des péchés dont il allait solliciter l'absolution : tant la componction paraissait dans son attitude! tant les larmes coulaient avec abondance de ses yeux! tant ses membres tremblaient! Et lorsqu'il se battait la poitrine en disant : *C'est ma faute*, il était la plus vivante image de l'Enfant prodigue de la parabole. On aurait pu lire sur son visage ces paroles : « Mon Père! j'ai péché contre le ciel et contre vous. Ah! « en vérité, je ne suis plus digne d'être appelé votre fils. »

L'homme véritablement humble ne s'afflige pas des paroles mordantes dont on l'accable ; il s'afflige, au contraire, des paroles de louange. Autant notre Labre demeurait tranquille et sérieux devant les insultes, autant il était ébahi et confus à la plus petite parole de louange : à peine l'avait-il entendue, qu'il fuyait comme pour éviter une faute ; ou bien, avec un art merveilleux, il arrêtait la louange sur les lèvres de celui qui voulait la lui donner. Un jour qu'il entendit quelqu'un lui dire cette simple phrase : « Pauvre homme ! « combien vous devez souffrir ! » — « Les pauvres, » répliqua-t-il, « songeons-y bien, sont ceux qui souffrent dans l'enfer. »

Oh ! comme il est vrai que plus un homme se perfectionne, moins il s'enorgueillit ; plus il arrive à se connaître, plus il s'humilie profondément ! Conduite admirable de la Sagesse divine, qui épouse l'humilité : *Ubi est humilitas, ibi et sapientia.* (Prov., XI, 2.)

Mais au moins, direz-vous, comment ne fut-il jamais tenté de vaine gloire, et comment n'y succomba-t-il pas, en présence de faits qu'il ne pouvait se cacher à lui-même ? L'humilité ne s'oppose point à la vérité. Dès lors, ne pouvant en conscience se confesser coupable d'aucun vice, pratiquant avec tant de constance les plus sublimes vertus, comment ne se reconnaissait-il pas lui-même, pour peu qu'il comparât sa vie à celle des autres, comme un privilégié du Ciel ? En effet, tous les autres, s'ils n'étaient pas coupables de péchés, devaient au moins lui paraître distraits des choses du ciel par mille affaires terrestres, tandis que lui, ayant toujours ses pensées tendues vers Dieu, vivait dans un continuel acte d'amour. Tous les autres s'attachaient-ils sérieusement à contempler Dieu dans ses créatures et à chanter ses louanges ? Pour lui, il n'avait pas d'autre exercice dans ses pèlerinages : la splendeur du soleil, la beauté de la campagne, le gazouillement des oiseaux, le murmure des ruisseaux, tout lui parlait de Dieu, et faisait sortir de son cœur des hymnes de louange et de reconnaissance envers sa bonté et sa sagesse infinies.

Comment, en face de faits palpables, inouïs, qui l'élevaient si haut par-dessus le reste des hommes, ne céda-t-il pas à la tentation de la vaine gloire? Mes chers amis, ne savez-vous pas que l'homme vraiment humble ne s'arrête jamais à la pensée du bien qu'il fait, mais court à celui qui lui reste à faire ; et, voyant que le champ ouvert est immense, il n'éprouve qu'une douleur, celle de ne pouvoir l'accomplir jusqu'au bout? ne savez-vous pas que l'homme vraiment humble se considère comme débiteur envers Dieu lui-même de ce bien, à la pensée que, sans son aide, il n'aurait jamais pu le produire? ne savez-vous pas que l'homme vraiment humble n'ouvre jamais les yeux sur les défauts d'autrui; ou, s'il le fait, c'est pour verser sur lui des larmes de pitié, tremblant pour lui-même et suppliant Dieu de ne pas l'y laisser tomber? Pour lui, c'est l'humilité elle-même qui est le soutien de sa faiblesse; c'est grâce à celle-là qu'il reconnaît celle-ci, qu'il en garde le souvenir et s'excite à recourir à Dieu, de qui seul il attend la force.

S'il lui arrivait d'entendre quelqu'un offenser le nom de Dieu ou se plaindre de sa providence, il s'élevait tout à coup à la mission de prédicateur, il défendait l'honneur de son Père céleste, il excitait le blasphémateur au repentir par ces paroles souvent répétées : « Hélas ! mon frère ! vous « venez d'offenser Dieu. Comment ne reconnaissez-vous pas « sa bonté. Qui connaît Dieu, ne pèche point. » Devant les esprits incertains, il allumait la flamme d'un bon conseil ; dans les cœurs ulcérés, il versait le baume de la résignation : voilà quels étaient ses entretiens avec les hommes !

Et avec Dieu? — Outre qu'il passait sans relâche de l'exercice de la méditation à celui de la prière, il se réfugiait dans les sanctuaires pour y rester à genoux, les bras croisés sur la poitrine ou étendus vers le ciel pendant des journées entières ; et là, sans un mouvement des paupières, il versait son cœur en des actes de fervente élévation vers l'auguste Trinité, vers Jésus au sacrement de l'autel, vers Marie sa bien-aimée mère.

Enfin, qui pouvait rivaliser avec lui pour la recherche de l'extrême abjection, pour la perpétuelle macération de la chair? Ce n'est pas sans raison que vous m'avez fait tout à l'heure cette question. Mais vous devez comprendre que, dominé par de tels sentiments, notre saint put, contre les assauts répétés de la vaine gloire livrés à son nom, rester invulnérable : il était protégé comme par une cuirasse de diamant par l'humilité.

O école pleine de sagesse de notre humble Benoît! plus vous semblez rabaisser celui qui vous cultive, plus vous l'élevez à des hauteurs sublimes! C'est Dieu, Dieu lui-même, qui attache aux épaules de l'humble des ailes robustes; Dieu qui l'enlève au souffle de sa grâce, résistant au contraire au superbe, et le laissant s'enfoncer dans la fange de cette terre, pour le couvrir de confusion; ou bien, s'il le laisse se repaître en ce monde d'apparences et de fumée, il le destine à devenir dans l'autre monde la proie des flammes dévorantes qui ne s'éteindront jamais. O école pleine de sagesse de notre humble Benoît! dans ce combat contre l'orgueil, c'est toi qui nous conduis au salut, au triomphe. Voilà pourquoi le Seigneur invite tous ses fidèles à soutenir le même combat, le regard fixé sur son serviteur : *Dedi te in lucem gentium, ut sis salus mea usque ad extremum terræ.*

O saint trois fois glorieux! nous t'avons contemplé comme un athlète dans la triple lutte contre la mollesse, la cupidité et l'orgueil; il faut te contempler maintenant ceint de ta couronne si bien méritée. Cent ans se sont écoulés depuis ce jour où Rome tout entière allait comme un torrent à la maison heureuse d'abriter ce pieux moribond. Rome ne pouvait rassasier ses regards du spectacle de ce juste doucement endormi dans le Seigneur et déjà couronné de l'auréole de la sainteté. Pendant ce temps, au loin, à Lorette, un petit enfant annonçait ce qu'on ignorait encore, son passage au monde meilleur. Puis les grâces et les miracles se multiplièrent à son lit de mort. Une foule où se mêlaient toutes les classes se pressait autour de ta dépouille vénérée et te proclamait saint. On s'y disputait un fil, un seul fil de tes haillons, qui furent considérés de suite comme de précieuses reliques. Cent ans se sont écoulés : l'oubli s'étend sur bien des existences qui ont occupé et révolutionné le monde pendant ce siècle; et ta figure, qui fut pour le monde un phare de lumière et de salut, brille rayonnante d'une douce splendeur pour les chrétiens qui aspirent à te rejoindre au ciel.

Au ciel, au ciel! Oh! puissions-nous contempler ce soleil de lumière qui ne se couche jamais, participer à cette joie où tu nages au sein de Dieu, nous réunir à toi et devenir tes concitoyens dans la patrie bienheureuse, après t'avoir admiré, aimé, invoqué comme pèlerins sur cette terre de notre misérable exil!

Voilà le but où tu peux obtenir que Dieu nous fasse arriver, non pas par le chemin ardu que tu as suivi — nous sommes trop faibles, trop infirmes! — mais en obtenant pour nous la grâce de la triple flamme qui dévorait ton cœur : une foi vive dans la Trinité sacro-sainte, un amour toujours croissant pour Jésus au saint Sacrement, une dévotion tendre, constante, ardente pour Marie. Enflammés de ce triple amour, nous dompterons, nous aussi, la concupiscence de la chair, la concupiscence des yeux, l'orgueil de la vie, et avec toi, par toi, après la lutte, nous remporterons la palme.

LAUS DEO OPTIMO MAXIMO

BEATÆ MARIÆ VIRGINI IMMACULATÆ

ET

BEATO BENEDICTO JOSEPHO LABRE

RENNES, IMP. ALPH. LE ROY FILS

16

www.ingramcontent.com/pod-product-compliance
Ingram Content Group UK Ltd.
Pitfield, Milton Keynes, MK11 3LW, UK
UKHW020400250726
13967UKWH00005B/2390